Werner Sprenger
Verführung zum Leben

Werner Sprenger

Verführung zum Leben

Meditations-Texte

Etwas in uns weiß,
daß Liebe nur ein anderes Wort
für Leben ist.

Nie/nie/sagen-Verlag
Konstanz

Lektorat und strukturelle Gestaltung:
Atina Haberkern

Redaktion:
Joschi Wolfrum

Umschlagbild:
Gisela Ebing

Die Deutsche Bibliothek – CIP-Einheitsaufnahme

Sprenger, Werner:
Verführung zum Leben : Meditations-Texte /
Werner Sprenger.
– 3. Aufl. – Konstanz : Nie-Nie-Sagen-Verl., 1996
ISBN 3-921778-50-6

1. Auflage 1987
3. Auflage 1996

Printed in Germany
Satz: Indragni, Ascheberg-Herbern
Druck und Weiterverarbeitung:
Fuldaer Verlagsanstalt GmbH, Fulda

ISBN 3-921778-50-6

INHALT

Die Lesemeditationen sind kursiv gesetzt.

Ausgangspunkt dieses Buches
ist die Begegnung mit dem Selbst. Diese Begegnungen sind nicht in einem unzugänglichen, irrationalen ÜBER angesiedelt, sondern im Alltag und für jeden Menschen erfahrbar. Das Buch zeigt die Lebendigkeit des Selbst in jedem Leben — auch wenn wir nichts davon wissen (oder wissen wollen).
Wir machen unsere wichtigsten Lebenserfahrungen nicht nur für uns allein, sondern ebenso, und vielleicht noch mehr, für andere Menschen. Darum ist es lebenswichtig, uns anderen aufrichtig mitzuteilen.

Macht der Apfelbaum Äpfel?

Diese Meditationen, sie sind die Früchte am Baum meines Lebens, sind gewachsen und reif geworden, in ihrer Zeit. Und ich werde darum nicht sagen: ICH HABE diese Meditationen geschrieben — so wenig der Apfelbaum sagen würde: ICH HABE diese Äpfel gemacht.
Ich danke dieses Buch allen Menschen, die mir begegnet sind, allen, besonders aber jenen Menschen, mit denen ich leben und arbeiten und meditieren darf. Diese Menschen sind für mich das, was für den Apfelbaum die Erde ist, die Sonne, der Regen.

Liebe ist keine Denkerfahrung

Denken ist ein anderer Bewußtseinszustand als Meditieren. Genauso wie es etwas anderes ist, über die Liebe nachzudenken als zu lieben. Auch Meditation ist keine Denkerfahrung. Und was Meditation ist, was Liebe ist, läßt sich leicht bedenken, doch nicht erleben. Im Zustand der Meditation überschreitet der Mensch den Zustand des Denkens und verwandelt Gedanken in Einsichten, in Erleuchtung, in Lebensstärke, in Glück, in Liebe. Hier, in diesem Prozeß der Verwandlung, hier liegt das Wesen der Meditation. Und diese Verwandlung erlebt der Mensch, der meditiert, genau wie jeder Mensch, der liebt, die Verwandlung seiner Gedanken über Liebe in Liebe erlebt.

Glück läßt sich nicht denken.
Liebe läßt sich nicht denken.
Freude läßt sich nicht denken.

Liebe Leserin,

in den Meditations-Texten steht oft DER. Mit DER ist für mich nicht der Mann gemeint, sondern DER Mensch, also Frau und Mann. Und ich bitte mir zu glauben, wenn in dem, was ich schreibe, auch unangemessen oft DER steht, so ist das mehr ein Problem der Sprache und der Grammatik als Männlichkeitswahn oder eine unvollkommene Wahrnehmung der Frau. Meine Bücher werden zu 63 Prozent von Frauen gelesen. Und ich selbst erlebe es immer wieder, welch einen tiefen Zugang Frauen zum Unbewußten haben. Dieser Zugang, verbunden mit einem natürlichen Einfühlungsvermögen, entspricht dem Wesen der Meditation. Mir persönlich wäre auch eine Göttin lieber als ein Gott und DIE MENSCH dem Wesen des Menschen natürlicher als DER MENSCH.

Leseanleitung

Leserinnen und Leser, die hier zum ersten Mal der INTA-Meditation begegnen, bitten wir, sich die Texte mit leiser Stimme, ruhig und ohne Anstrengung, selbst vorzulesen, „damit das Leben sie mitlesen kann“, wie Werner Sprenger sagt. Nur dann, wenn das Leben mitlesen kann, erreichen die Lesemeditationen wirklich die Leserin, den Leser.
Denn auch die hier vorliegenden ***Lesemeditationen*** sind INTA-Meditationen und können in der gleichen Weise meditiert werden wie die Grundmeditationen in den SCHLEICHWEGEN ZUM ICH II — MEDITATIONSTEXTE ZUR SELBSTFINDUNG von Werner Sprenger.
Eine Kurzbeschreibung der INTA-Meditation befindet sich im Anhang des Buches. Es handelt sich bei dieser Kurzbeschreibung um Auszüge aus den Hinführungstexten im Buch SCHLEICHWEGE ZUM ICH II, zitiert aus der 9. deutschen Auflage.

Mit guten Wünschen

Atina Haberkern — Verlegerin

2 VERMISSTEN ANZEIGE

In Deinem Lachen,
in Deinem Weinen,
in Deinen Träumen,
in Deiner Sehnsucht,
in Deiner Liebe
vermißt Du Dich
nicht manchmal?
Gerade dann?

Von der Befreiung durch Einsicht

Ich fragte ihn, warum er, nachdem er 27 Jahre lang in einem Kloster gelebt hatte, sich aus der Gemeinschaft zurückgezogen und in diese Einsiedelei gegangen wäre. „Im Kloster", und er sah mich dabei offen an, so als suchte er in meinem Gesicht die Worte, „im Kloster ist das Heil nicht zu erreichen. Es gibt zu viele Autoritäten im Kloster, zu viele, die Autorität für sich in Anspruch nehmen, weil sie Verantwortung im Kloster tragen. Es gibt zu viele kleine Buddhas, zu viele Glühwürmchen, welche die Sonne ersetzen wollen. Doch Buddha selbst lehrte, daß nicht der Gehorsam, nicht das Kloster, nicht die Gemeinschaft, nicht das Gebet, nicht die Gnade (wiederholte), nicht einmal die Gnade, mein Freund, und nicht die Opfer die Erlösung bringen, sondern einzig und allein die Einsicht. Verstehst Du? Die Einsicht bringt nicht die Erlösung, sie ist Erlösung. Und sie hat mich vom Kloster erlöst. Die Einsicht bringt nicht Befreiung, sie ist Befreiung. Sie hat mich vom Gehorsam dem Abt gegenüber befreit." Und dann sagte er, mit der Stimme eines Menschen, der klar um sein Selbst weiß: „Buddha

hat mich erlöst. Buddha hat mich befreit. Seine Einsicht. Das völlige Erwachen habe ich erst hier erlebt. Schau mich bitte an und laß uns schweigen miteinander. Wenn etwas durch noch mehr Worte nicht mehr klarer gemacht werden kann, dann hilft nur das Schweigen.“ Und wir sahen uns lange an. Und ich wußte, mit meinem ganzen Leben wußte ich es: dies ist ein Befreiter, dies ist ein Erlöster, dies ist ein Weiser.

(Aus dem Indischen Tagebuch ASCHE UND WIEDERGEBURT)

Mit jedem Menschen, dem ich wirklich begegne, *begegnet mir eine Möglichkeit, mich neu zu erfahren, mich neu zu erleben und mehr als bisher von mir zu erfahren, mehr von mir zu erkennen.*

Durch einen Blick in den Spiegel kann sich kein Mensch seiner selbst gewiß werden. *Der Spiegel zeigt nur immer ein Spiegelbild. Um sich selbst zu erkennen, sich selbst zu sehen, mit eigenen Augen, mit eigener Seele, ist mehr nötig als ein Spiegel. Immer wieder begegne ich Menschen, die mir kostbare Spiegel zeigen, um mir ihre Gesichter zu verbergen, die mir schöne Bilder zeigen, um ihre Gesichter zu verstecken. Und ich habe das Gefühl, daß sie ihre Gesichter für nichts als Masken halten.*

Unsere Augen, die alles sehen können, sich selbst können sie nicht sehen, *es sei denn im Auge eines anderen Menschen oder im Spiegel. Es hat seinen tiefen Sinn, daß unsere Augen sich selbst nicht sehen können und auch das eigene Gesicht nicht. Und alle Spiegel der Welt können darüber nicht hinwegtäuschen. Kein Spiegel zeigt Dein wahres Gesicht, Dein Gesicht, wie es wirklich ist. Die Weisheit des Spiegels ist, daß er Dein Gesicht verkehrt, spiegelverkehrt, zeigt. Dein wahres Gesicht sehen nur jene Menschen, jene, die Dich lieben, und alle anderen sehen Dich nicht.*

Für Dich leben?

Niemand kann für Dich leben.
Niemand kann Dich Dir abnehmen.
Niemand kann die Möglichkeiten wahrnehmen,
die Du bist.
Niemand kann für Dich glücklich werden:
mit Dir, ja,
durch Dich, ja —
aber nicht für Dich.
Niemand kann für Dich schuldig werden.
Niemand kann für Dich aus Deinen Fehlern
lernen.
Niemand kann für Dich „hier“ rufen,
wenn das Schicksal Dich meint.

Ich, ich bin nicht Du. *Du, Du bist nicht ich. Dein Gesicht gleicht meinem nicht. Deine Gefühle und Gedanken sind Deine Gefühle und Deine Gedanken. Deine Wünsche und Bedürfnisse sind Deine Wünsche und Deine Bedürfnisse. Und vielleicht, vielleicht, ist es meine Lebensaufgabe, die Möglichkeit für Dich zu sein, Brot für Dich, Freude für Dich, Glück für Dich. Vielleicht. Ich werde versuchen, Dich so wahrzunehmen, wahrzumachen, wie Du bist. Wie Du bist und nicht wie ich Dich sehe und nicht wie ich möchte, daß Du bist. Und ich werde Dich immer wieder fragen und fragen. Denn niemand, niemand und nichts, ist so fragwürdig wie der Mensch.*

Kein Mensch gleicht dem anderen. *Keiner, nicht einer. Kein Mensch weiß den anderen, so wie er sich selber weiß. Kein Mensch ist so unmittelbar betroffen vom Leid oder Glück eines anderen Menschen wie von seinem eigenen Leid, vom eigenen Glück. Und ich bin mir bewußt, hier liegt ein tiefer Sinn und die größte menschliche Möglichkeit, und sie ist die Möglichkeit, sich in den anderen Menschen einzufühlen, hineinzudenken und wirklich zu sein wie an seiner Stelle, mit ihm zu leiden, mit ihm und vielleicht dank ihm Glück zu erleben. Und das Glück, das ein Mensch dem anderen Menschen sein kann, das ist ein ganz besonderes Glück.*

3 WER BIST DU NICHT?

Glaub Dir nicht, wenn...

Glaub Dir nicht,
wer Du bist,
wenn Du immer glaubst,
was alle glauben, und
immer tust,
was alle tun, und
immer sagst,
was alle sagen — dann
dann glaub Dir nicht.

Was mein Verstand und mein Gedächtnis von mir weiß, *ist nicht alles. Wenn ich einmal erkannt habe und weiß, daß mein Verstand nicht alles von mir weiß, dann beginnt ein neues Wissen von mir selbst, ein neues Verstehen, ein neues Hinsehen, ein neues Hinhören, ein neues Ja-und-nein-Sagen.*

Das Unbewußte wirkt mehr *auf mein Leben ein, mehr als mein Verstand. Denn alle meine Lebensziele und Lebensentwürfe, die allein auf Verstandeswissen beruhten, sind alle, mehr oder weniger, am Unbewußten gescheitert. Mein Verstand allein weiß zu wenig von mir, um mich zu verwirklichen.*

Es sind meine Gefühle, *die meinem Leben Halt und Grund geben. Ich bin mir bewußt, daß ich mich lange Zeit mehr mit meinem Denken als mit meinem Fühlen identifiziert habe. Heute ist das genau umgekehrt. Und immer wieder mache ich die Erfahrung, daß meine Gefühle mich tiefer wissen – und auch mehr bewahren und schützen – als meine Gedanken.*

Gefühle und Gedanken, die uns fremd vorkommen *und die wir als ichfremd zurückweisen, verleugnen, verdrängen, gerade sie sind Botschaften des Selbst, sind vom Unbewußten ausgelöst und geleitet, um uns etwas von unserem Selbst zu sagen, uns etwas Unbekanntes, manchmal auch Unerlaubtes, Verbotenes von uns selbst zu sagen, was unserem Verstand und unserem Bewußtsein und unseren gewohnten Gefühlen nicht zugänglich ist.*

Es wirken nicht nur jene Kräfte *auf unser Leben ein, die wir kennen und die wir genau messen und benennen können. Ebenso, und wenn nicht noch stärker, wirken jene Kräfte auf uns ein, die wir nicht kennen und die wir nicht beschreiben können, nicht messen und vielleicht nicht einmal ahnen. Wieso auch sollen Kräfte, die wir kennen, wirksamer sein als jene, die wir nicht kennen? Und warum läßt sich alles beweisen, was wir glauben wollen? Und alles glauben, was wir bewiesen haben? Denn alle Beweise unseres Verstandes sind beschränkt und beweisen nichts als unsere Beschränktheit. Denn der Mensch ist ein beschränktes Wesen. Seine Vorstellungskraft ist beschränkt, seine geistigen und seelischen Kräfte sind beschränkt, seine Leistungsmöglichkeiten sind beschränkt, sein Wachseinkönnen ist beschränkt, seine Sinne beschränken ihn.*

Unser Weltbild ist ein beschränktes Weltbild, ist ein Vorurteil. Und je weiter wir uns entwickeln, desto mehr fühlen wir diese Beschränktheit, ohne die wir letzten Endes nicht lebensfähig wären.

Was wir die Wirklichkeit nennen, *das ist nie mehr als ein winziger Ausschnitt aus der großen äußeren und inneren Wirklichkeit, in der wir leben und in die unser Leben eingebettet liegt, als Teil von ihr. Und diese Wirklichkeit, die für uns riesige und unfaßbare Wirklichkeit, wirkt auf unser Leben ein, ohne daß wir uns dessen bewußt sind. Und je enger das Bewußtsein eines Menschen ist, desto winziger der Ausschnitt, den er dann Wirklichkeit nennt.*

4 DAS IST DOCH GANZ NORMAL

Normal ist...

daß wir Unangenehmes verleugnen.
daß wir lügen, wenn wir höflich sind,
sogar wenn wir beten.
daß wir die Fähigkeit zu lieben
mehr und mehr verlieren.
daß wir Güte ausnützen.
daß wir die Schwachen ausnützen.
Normal ist
zu hassen,
zu verachten,
zu mißtrauen.

Es gibt nicht die eine und einzige Wirklichkeit *für uns Menschen, sondern viele Wirklichkeiten. Da ist die geglaubte Wirklichkeit, die gedachte Wirklichkeit, die geträumte Wirklichkeit, die geliebte Wirklichkeit, die ertragene Wirklichkeit. Und da ist die Wirklichkeit hinter der Wirklichkeit. Und da ist die Wirklichkeit wie im Traum. Und alle diese Wirklichkeiten wirken auf uns ein, auf unser Denken, auf unser Fühlen, auf unsere Vorstellung von der Wirklichkeit.*

Träumen können

Träum ruhig,
denn Träume können auch
gelebt werden.
Der erste Schritt,
Deine Träume zu leben, ist
aufzuwachen.
Denn Träume wollen
nicht nur endlos gedeutet,
vor allem wollen sie
gelebt werden.
Leb Deine Träume,
solange Du lebst.
Leb Deine Träume,
solange Du sie hast.

Ich erkenne, daß meine Träume genauso wirklich sind *wie die Wirklichkeit, wenn ich wach bin. Und ich erkenne, daß meine Träume mir immer von dem erzählen, was ich nicht weiß und was ich doch wissen sollte. Ich erkenne, daß meine Träume mir immer von dem berichten, was ich nicht wissen will und doch wissen sollte. Meine Träume sagen mir: „Jetzt weißt Du es, und Du kannst nicht mehr so tun, als ob Du es nicht weißt.“*

Jeder Mensch lebt in einer ihm eigenen und persönlichen Wirklichkeit. *Sobald ich diese Wirklichkeit des anderen Menschen verstehe, verstehe ich auch ihn und sein Handeln. Und oft begegne ich Menschen wie aneinander gekettet, weil jeder in seiner eigenen Wirklichkeit lebt. Denn im letzten ist der Mensch eine Botschaft, eine Botschaft, die nur dann ankommt, wenn sie von einem anderen Menschen empfangen wird, verstanden, angenommen.*

So wie es verschiedene Arten des Verstehens gibt, *so auch verschiedene Arten des Nicht-Verstehens. Es gibt das Verstehen so natürlich wie das Atmen. Es gibt das Verstehen mit dem ganzen Leben. Es gibt das Verstehen, das alles verändert und das Leben in ein Davor und ein Danach einteilt. Es gibt ein Verstehen, das wie Regen ist, der auf die Wüste fällt. Und so gibt es viele Arten des Nicht-Verstehens: das Nicht-verstehen-Wollen, das schlimmer ist als alles Nicht-verstehen-Können. Das Nicht-verstehen-Können, aber Verstehen-Wollen, das oft der Anfang von Verstehen ist. Denn Verstehen-Wollen, aufrichtiges Verstehen-Wollen, kann mehr sein als Verstehen, weil es Hunger ist.*

Es ist nicht das Ereignis, es ist die Bedeutung, *die ich einem Ereignis gebe, die das Ereignis steigert und in ein Ereignis von schicksalhafter Bedeutung verwandeln kann. Und die Ereignisse, die für mich so bedeutend waren und bedeutend sind, können natürlich für andere Menschen ohne Bedeutung sein. Und sie wären vielleicht auch für mich ohne Bedeutung geblieben, zu einem anderen Zeitpunkt oder in einem anderen Lebenszusammenhang.*

Mein Unbewußtes lebt *und ist genauso wirklich und lebendig wie jetzt diese Welt des Wachbewußtseins. Um die Bilder des Unbewußten deutlich werden zu lassen, muß ich die Aufmerksamkeit von außen nach innen richten. Dann werde ich jene Wirklichkeit hinter der Wirklichkeit erleben, aus der ich lebe. Und die meditative Wahrnehmung schafft ein anderes Verhältnis zur Wirklichkeit als die Wahrnehmung durch den Verstand. Der Verstand erzeugt die Illusion, daß wir das Leben beherrschen. Das Unbewußte erzeugt die Ganzheit des Lebens, in der wir leben, so wie die Fische im Wasser schwimmen. Vielleicht denkt mancher Hering, er würde das Meer beherrschen, dabei beherrscht er nur das Schwimmen. Und ohne Wasser nützen ihm alle Schwimmkünste nichts.*

In jeder Erfahrung erfahre ich mich selbst. *Es gibt keine Erfahrung, außer der Erfahrung meiner selbst. Ist mein Selbst eng und dunkel, werden alle Erfahrungen meines Lebens eng und dunkel. Ist mein Selbst weit und hell, werden alle Erfahrungen meines Lebens weit und hell. In jeder Erfahrung, in jeder, erfahre ich mich selbst. Und es gibt keine andere Erfahrung, keine andere außer dieser einen und einzigen, dieser Erfahrung meiner selbst.*

Meine innere Welt ist genauso wirklich wie die äußere Welt. *Und die innere Welt übt genauso große Wirkungen auf mein Leben aus wie die äußere Welt. Und ich kann mich den Wirkungen der inneren Welt genauso wenig entziehen wie den Wirkungen der äußeren Welt. Meine innere Welt und meine äußere Welt sind ein und dieselbe Welt. Und wenn die innere Welt erkaltet und stirbt und untergeht, geht auch die äußere Welt unter.*

Meine innere Haltung entscheidet darüber, wie ich das Äußere erlebe. *Das gleiche äußere Ereignis, mit einer anderen inneren Haltung, es ist nicht mehr das gleiche Ereignis. Denn Ereignisse sind vor allem Erlebnisse. Es gibt nichts auf dieser Welt, was sich nicht ändern ließe, wenn ich meine innere Haltung ändere. Es gibt nichts auf dieser Welt, was sich nicht schlagartig änderte, wenn ich mich ändere.*

Ich werde den Zustand der vollen Wirklichkeit nur dann erreichen, *wenn es mir gelingt, die innere in die äußere Welt und die äußere in die innere Welt zu bringen, so daß sich die Kräfte aus beiden Welten gegenseitig durchdringen und stärken können.*

Den wahren Mittelpunkt meines Lebens *kann ich nicht außer mir finden, sondern innen, tief, tief in mir. Den wahren Mittelpunkt meines Lebens kann ich auch nicht in einem anderen Menschen finden, sondern innen, tief, tief in mir. Das Selbst kann der Mensch nur in sich selber wiederfinden.*

5 ENTDECKE DICH SELBST ENTDECKE DEIN SELBST

Schütze Dich vor Dir selbst.
Schütze Dein Selbst vor Dir.
Schütze Dein Selbst auch vor mir.
Schütze Dein Selbst auch im Wir.

Jeder Mensch möchte, ja, muß sich verwirklichen. *Er kann gar nicht anders. Und Verwirklichung bedeutet für den Menschen, wie für alles Leben, SELBSTverwirklichung. Und immer wieder erlebe ich: der Weg der Selbstverwirklichung ist nicht die Belehrung, nicht die Belehrung, sondern die Begegnung, die Begegnung zwischen Menschen als Austausch von Leben und Vertrauen, eine Begegnung, in der alle Beteiligten Möglichkeiten finden, das Selbst klarer zu erkennen, sein Wachsen und Werdenkönnen, sein Werdenmüssen, sein Werde-der-Du-bist, Dein Werde-der-Du-bist.*

Selbsterkenntnis ist die Voraussetzung allen Wissens, *aller Erkenntnis. Wer sich selbst nicht kennt, wird nichts und niemanden wirklich erkennen. Alle Erkenntnis führt über die Selbsterkenntnis, ist Selbsterkenntnis. Und je klarer die Selbsterkenntnis, um so klarer die Erkenntnis anderer Menschen und der Welt. Wer sich selbst verkennt, verkennt alles andere auch. Wer um sich selbst nicht weiß, weiß im Grunde nichts, soviel er auch wissen mag. Ohne Selbsterkenntnis sind alle Erkenntnisse wie Bäume ohne Wurzeln. Wer sich selbst nicht kennt, ist ein Blinder unter Sehenden.*

__Das Selbst ist mehr als das Ich.__ Das Selbst ist das Unveränderliche, der Maßstab. Dem Selbst danken wir, daß wir Veränderungen und Entwicklungen feststellen können. Dem Selbst danken wir, daß wir uns sehen können, wie wir früher waren, und ahnen können, wer wir sein werden. Dem Selbst danken wir die Beziehung von früher zu hier und jetzt. Das Selbst bewahrt die Entwicklung meines Lebens zu mir selbst hin, so wie ein Sonnenblumenkern die Entwicklung zur Sonnenblume bewahrt. Und wann immer ich abweiche von meiner Selbstentwicklung, weisen mir Gedanken der Unruhe, der Angst, des Ungenügens den Weg zurück.

Alles beginnt damit, daß ein Mensch sich selbst verwirklichen möchte. *Ich habe lange Zeit mich daran gehindert, mein Selbst zu leben. Wie gewohnt betrachtete ich das Selbst als ein abstraktes, unerreichbares und im Grunde überflüssiges Ziel. Heute weiß ich, daß alles damit beginnt, daß ein Mensch er selbst sein kann.*

Das Selbst ist voller ungebändigter Wünsche.

Das Selbst ist voller unerfüllter, ungelebter und – zum Glück auch – ungebändigter Wünsche. Denn diese ungebändigten, aufbegehrenden Wünsche sind es, denen wir jenes Gefühl des Mangels danken, der Unzufriedenheit, der Unerfülltheit. Daß wir diesen Mangel noch fühlen dürfen, ist Versprechen und Hoffnung für eine Weiterentwicklung zu uns selbst hin.

Viele Menschen leben ein ihnen aufgezwungenes Leben *und glauben, es leben zu müssen, obwohl das Muß sich schon längst verjährt hat. Und das Gefährliche dabei ist: von Kindheit an daran gewöhnt, ein aufgezwungenes Leben zu leben, haben wir diesen Zwang adoptiert als Freiheit und so, ein für allemal, die Möglichkeit für ein selbstbestimmtes Leben aufgegeben. Doch ohne ein selbstbestimmtes Leben ist keine Selbstentwicklung möglich.*

Selbstverachtung

Selbstverwirklichung

Selbstbewußtsein

Selbstwertgefühl

Daß es überhaupt solche Worte gibt, das zeugt vom Selbst und von der Weisheit der Sprache. Ich entdecke bei solchen Worten, daß es die Selbstverachtung ist, die zum Selbstverlust führt, und das Selbstbewußtsein ist, das zur Selbstverwirklichung führt.

Wartest Du oder suchst Du?

Die Menschen westlicher Kulturen suchen die Erkenntnis, die Menschen der östlichen Kulturen warten auf sie. Diese beiden Grundhaltungen gilt es in ihrer ganzen Reinheit zu sehen: warten auf Erkenntnis, suchen nach Erkenntnis. Dasitzen und warten — allein schon diese Vorstellung bereitet den meisten Europäern Alpträume. Um sich wiederzugewinnen, müssen sie aufstehen und sich suchen. Und je ungeduldiger sie suchen, desto mehr meiden sie das, was sie suchen. Und das Gesuchte meidet sie. Doch sie selbst fühlen sich wohl dabei, Suchende zu sein, Suchende und nicht Wartende. Doch sei Dir gewiß, wenn Du Dich entschließt, auch einmal zu warten, einfach zu warten, dann kommt viel mehr zu Dir, als Du erwartet hast.

Setz Dich doch einmal irgendwo hin, ohne den Platz lange auszusuchen. Setz Dich auf eine Wiese, setz Dich in den Wald, setz Dich an den Wegesrand, und bald siehst Du, was Du so nie gesehen hast: eine Amsel, die Dich anschaut, einen Hasen, der die Ohren spitzt, einen Schmetterling, der Dich mit einer Blume ver-

wechselt, eine Biene, die Honig bei Dir sucht. Dies alles begegnet nicht dem Suchenden. Was wird schon der finden, der einen Schmetterling sucht, der ihn mit einer Blume verwechselt: viele flüchtende Schmetterlinge.
Alles kommt zu dem, der warten kann.

(Aus dem Indischen Tagebuch ASCHE UND WIEDERGEBURT)

Jeder Mensch weiß um den Sinn seines Lebens. *Doch warum tun wir so, als wäre er wunder wie schwer zu entdecken. Und statt voller Zuversicht ihn zu suchen, suchen wir ihn voller Zweifel und unbewußter Gewißheit, ihn nicht zu finden. Denn wir haben Angst, ihn zu finden, Angst vor seiner Klarheit, seiner Unausweichlichkeit, vor seiner Bestimmtheit, vor seiner Einfachheit. Und so machen wir uns auf die Suche, ihn dort zu finden, wo wir ganz sicher sind, ihn nicht zu finden. Schamlos stellen wir falsche Fragen, fragen uns und andere: „Kann Reichtum, Macht, Stolz, Haß der Sinn unseres Lebens sein?" „Nein", wissen wir, und darum fragen wir so getrost. Und die Lebenszeit vergeht dabei, vergeht mit der Sicherheit, den Sinn des Lebens nicht zu finden.*

6 WER SELBSTMORD SAGT, DER LÜGT, SAGT ER NICHT AUCH, WER DIE MÖRDER SIND

Jene, die wir aus Denkgewohnheit Selbstmörder nennen, sie sind gerade nicht Selbstmörder, sie ermordeten gerade nicht ihr Selbst, denn sie fürchteten den Tod ihres Selbst mehr als den leiblichen Tod.
Was soll ein Leben, in dem das Selbst nicht leben kann?
Wer also sind die wirklichen Selbstmörder?

Wer sind die wirklichen Selbstmörder? *Es sind jene, die den Selbstmord statistisch untersuchen lassen und ihn zum Vorwand nehmen, warnend darauf hinzuweisen, daß all die vielen Menschen, die sich selbst töteten – in der BRD tötet sich alle zwanzig Minuten ein Mensch –, nicht das Recht gehabt hätten, sich selbst zu töten. Bis vor kurzem war Selbstmord demzufolge eine Straftat.*

Die wirklichen Selbstmörder sind jene, die von Amts wegen den Selbstmord erfassen und bedauern, doch die Lebensbedingungen nicht verändern. Und sie hätten das Amt und die Verpflichtung und die Möglichkeit dazu, Lebensbedingungen zu schaffen, in denen das Selbst sich verwirklichen könnte.

Wenn so viele nicht tot wären, *tot wären, lange vor ihrem leiblichen Tod, könnten viele noch leben, die sich selbst töteten, weil sie ein Leben unter Toten nicht mehr ertragen konnten.*

Es gibt nicht nur den Tod des Körpers, *es gibt viele Tode mitten im Leben: es gibt den Tod am ungelebten Leben, den Tod durch Totschweigen unserer wirklichen Bedürfnisse, den Tod durch Abtöten unserer lebendigsten Gefühle, den Tod durch Ersticken unserer lebendigsten Wünsche, den Tod durch Haß und den Tod durch Mangel an Liebe. Und die Welt bevölkert sich mit immer mehr Toten. Und viele halten sich nur darum nicht für tot, weil sie nicht begraben worden sind.*
So viele Menschen, die ohne Pause damit beschäftigt sind, nicht zu leben, nicht zu leben. Die Welt ist voll von ihnen, die mit Nicht-Leben überbeschäftigt sind. Und täglich werden es mehr.

Die Selbsttötung ist der entschiedenste Protest *gegen die Ermordung des Selbst durch ein Leben, das kein wirkliches Leben ist, weil das Selbst darin nicht leben kann. Die Selbsttötung ist die leidenschaftlichste Entscheidung für das Selbst. Wir haben von jenen, die sich selbst getötet haben, zu lernen, daß es nicht möglich ist, zu leben ohne Sinn, ohne Güte, ohne Liebe.*

Flüsse sterben, *Wälder sterben, Menschen sterben – sterben für eine gesunde Wirtschaft, sterben für den Profit weniger, sterben für die Produktion überflüssiger Dinge.*

Die Gesellschaft fordert und fördert die Selbstaufgabe, *den Selbstmord. Der Mensch ohne Selbst ist leichter zu manipulieren. Das Totsein des Selbst ist die Voraussetzung dieser wahnhaften Normalität, die uns so vieles hinnehmen läßt, als normal hinstellt, was uns vernichtet. Normal ist nach diesem Wahn: Luft und Wasser zu vergiften, Wälder zu ermorden, Menschen der Dritten Welt verhungern zu lassen, während bei uns viele an Überernährung sterben, Frieden und Sicherheit durch immer mehr Waffen schaffen zu wollen. Und viele geben dieser Forderung nach und töten ihr Selbst – sie ermorden ihr Selbst, um zu überleben. Und so begegnen wir vielen, die ihren Selbstmord hinter sich haben und nur noch für den Erfolg leben, für die Gesundheit, für den Körper.*

Jedes Menschenleben ist ein Versuch, sich selbst zu verwirklichen. *Mißlingt dieser Versuch, dann können alle Ehren und alle Schätze der Welt das Leiden am Mißlingen nicht lindern, sondern werden dieses Leiden eher noch verstärken. Gelingt dieser Versuch, können keine Mißgeschicke die tiefe Freude am Leben verringern. Und es ist nicht so, als ob der Versuch, sich selbst zu verwirklichen, mit dem Verstand gefaßt und geplant werden könnte. Wir alle fühlen uns nicht nur wachsen, reifen und größer werden, wir fühlen auch die Freude am Wachsen. Es gibt Situationen, Erlebnisse, in denen wir uns näher, andere, in denen wir uns fremd vorkommen, andere, in denen wir genau wissen, daß wir schuldig geworden sind an unserer Selbstverwirklichung.*

Und das Kind nimmt sich ja auch nicht vor: so, jetzt werde ich laufen lernen, damit ich unabhängiger von meiner Mutter und dem Kinderwagen werde, und dann werde ich schreiben und lesen lernen, damit ich die Lügen der Erwachsenen durchschauen kann. Wer einmal erlebt hat, wie ein Kind immer wieder und wieder fällt und aufsteht, fällt und aufsteht, um auch nur einen Schritt laufen zu können, der hat den Prozeß der Selbstverwirklichung erlebt.

Kein Mensch kann sich seiner Selbstverwirklichung verweigern, ohne krank zu werden, *ohne Schaden zu nehmen an seiner Seele, seinem Geist und seinem Körper. Immer wieder begegne ich Menschen, welche die Möglichkeit einer Selbstverwirklichung nicht wahrnehmen und dann ihr ganzes Leben lang am ungelebten Selbst leiden und mit dem Gefühl ungestillten Lebenshungers leben. Manchmal versuchen sie, durch fremden Mund satt zu werden. Manchmal versuchen sie, diesen Hunger mit Alkohol und Drogen zu betäuben. Und manchmal versuchen sie, diese Möglichkeit nachzuholen.*

Es kann niemand glücklich werden, ohne sich selbst verwirklicht zu haben. *Je näher ich meinem Selbst komme, um so wohler fühle ich mich mit mir selbst und mit anderen Menschen. Und je weiter ich mich von meinem Selbst entferne, je mehr ich mich ihm entfremde, desto unzufriedener werde ich. Die Befreiung ist, mich selbst als Selbst anzunehmen. Das Wissen um sich selbst macht ruhig, freundlich, heiter und tolerant gegen andere Menschen.*

Jeder von uns fühlt, *daß es noch einen anderen, vollkommeneren Zustand des Lebens geben müsse. Woher kommt dieses Gefühl? – Es kommt aus unserem Selbst, das uns mahnt, wenn wir hinter unseren Möglichkeiten zurückbleiben.*

Wie wenig ein Mensch wirklich haben muß, wenn er sich selbst hat.

In Indien begegnete ich vielen Menschen, die Familie, Heimat, Haus und Besitz verlassen haben, bewußt verlassen haben, losgelassen haben, und nicht verloren haben.
Diese beiden Haltungen: etwas verlassen, etwas verlieren, Dir in aller Reinheit klar machen. Denn es ist eine andere Daseinsform, ob einer freiwillig ein Bettler ist oder durch Unglück zum Bettler geworden.
Diese Pilger auf ihrem Weg zu sich selbst, sie haben alles verlassen, um ihr Selbst zu finden, um frei zu sein für das Wiedersehen mit dem Selbst, seine Wiederentstehung, seine Wiedergeburt. Diese von allem Besitz und seinen Verpflichtungen befreiten Menschen, sie fühlen sich befreit wie Sklaven, denen endlich die Freiheit geschenkt worden ist. Nun sind sie frei geworden von allen Erwartungen und Ansprüchen. Nun sind sie bei niemandem anderen als bei sich selbst. Bei ihnen lernte ich: wie wenig der Mensch braucht, wie wenig, der Mensch, der bei sich selbst ist.

(Aus dem Indischen Tagebuch ASCHE UND WIEDERGEBURT)

Andere Menschen haben mich nicht so oft und so tief gekränkt, wie ich mich selbst gekränkt habe, *wenn ich die Achtung von Menschen suchte, die ich selbst nicht achten konnte. Um ihre Zuneigung und ihre Achtung zu gewinnen, habe ich mich selbst verleugnet, habe ich mein Selbst gezwungen zu lügen und zu heucheln, auch wenn mein Selbst mich noch so sehr warnte, keine Lebenslüge zu leben. Andere Menschen haben mich nicht so oft betrogen, wie ich mich selbst betrogen habe, mich nicht so oft belogen, wie ich mich selbst belogen habe.*

Wenn Du ehrlich bist mit Dir

Sei doch mal ehrlich,
ganz ehrlich mit Dir,
und Du gibst zu:
niemand verachtet Dich,
niemand verachtet Dich so
wie Du.
Niemandem fehlst Du,
niemandem fehlst Du so
wie Dir.
Zu niemandem bist Du so
so ungeduldig
wie zu Dir.
Niemand braucht Deine Liebe,
niemand braucht Deine Liebe so
wie Du.

***Es ist die Angst vor Liebesverlust,** welche alle anderen Ängste erzeugt. Befragen wir unsere Ängste bis auf den Grund, dann begegnen wir immer wieder dieser Grundangst. Und es ist gut, daß wir Menschen diese Angst vor Liebesverlust kennen. Denn unsere Gefühle benötigen als Nahrung die Liebe, denn die Nahrung der Gefühle ist die Liebe. Ohne Liebe würden unsere Gefühle verhungern, genau wie unser Körper verhungern würde ohne Nahrung. UND wir sollten nicht versuchen, die Angst vor Liebesverlust zu verleugnen oder zu bekämpfen oder gegen sie zu leben mit der Maske der von der Liebe unabhängigen Stärke, sondern versuchen mit ihr zu leben. Dann und nur dann, wenn wir unsere Angst vor dieser Angst verlieren, wird sie uns nicht schwach, sondern stark machen und liebesfähig und liebenswürdig.*

Die Festungen

Festungen der Schwachen
sind die Masken der Stärke,
ist das Über-Maß,
das Vielzuviel:
an Waffen aller Art,
an Drohungen aller Unart,
an Mißtrauen ohne Trauen
(weil sie sich selber nicht trauen),
an Versprechen ohne Erfüllung
(weil selber ohne Erfüllung).
Und ihre Masken der Stärke
werden zu ihrer Wahrheit,
werden zu Fratzen der Schwäche
und ihre Festungen zu Gräbern.

So viele Menschen, die sich nur mit den Augen der anderen sehen, *nur mit den Gedanken der anderen denken, nur mit den Gefühlen der anderen fühlen können. Kinder können sich noch nicht selbst sehen, sondern ausschließlich mit den Augen der Erwachsenen anschauen und bewerten. Und genauso ist ihr Denken und Fühlen abhängig vom Denken und Fühlen der Menschen, unter denen sie aufwachsen. Ein Kind weiß nur das von sich selbst, was es von den Erwachsenen hört. Wir wachsen also mit einem selbst-entfremdeten Wissen über uns selbst auf. Viele Menschen, denen ich begegne, verwechseln das Urteil der anderen über sich selbst mit sich selbst. Zeit ihres Lebens bemühen sie sich, jemand zu sein, der sie nicht sind. Und sie opfern ihr Leben dem Ideal-Ich, den Augen der anderen, den Meinungen der anderen.*

Das Selbst sehnt sich nach lebbarem Lebenssinn. *Wird ihm diese Sehnsucht nicht erfüllt, fordert es Lebenssinn, denn sinnvoll zu leben, das ist das Grundbedürfnis des Selbst. Und es gibt kein Leben ohne Suche nach Sinn, ohne diesen Anspruch auf Sinn. Das Selbst, es setzt den Sinn gegen die Sinnlosigkeit, setzt den Mut zu leben gegen die Angst zu leben. Depressionen, innere Spannungen, Sinnverlust sind Forderungen des Selbst nach Sinn. Das Ideal-Ich steht in ständigem Kampf mit dem Selbst. Um zu wachsen, müssen wir die Werte des Ideal-Ichs aufgeben, sein Leistungsdenken, sein Zweckdenken, seine Habsucht. Um in wirklicher Selbstbestimmung leben zu können, muß das Selbst an die Stelle des Ideal-Ichs treten. Und es gibt keine größere Verlassenheit als die, wenn ein Mensch sein Selbst verlassen und verraten hat, um dem Ideal-Ich gefällig zu sein.*

Liebe Leserin, lieber Leser,

während ich an einem Buch arbeite, führe ich viele Gespräche mit wirklichen — und oft auch mit vorgestellten — Gesprächspartnern. Denn ich verstehe meine Bücher als Gespräche und nicht als Selbstgespräche.
Während des Lesens haben, vielleicht, auch Sie Gespräche mit mir geführt, mir Fragen gestellt, mir Ihre eigenen Meinungen mitgeteilt. Wenn ja, dann tun Sie es ruhig auch in Wirklichkeit und schreiben Sie mir Ihre Gefühle und Gedanken. Ich werde Ihnen antworten, denn was wäre das für ein Gespräch, in dem nur einer spricht. Zu einem echten Gespräch gehören ja mindestens zwei. Ich bin selten einem Menschen begegnet, von dem ich nicht hätte etwas lernen können in einem auf-richtigen Gespräch.

Mit guten Wünschen

Werner Sprenger
Haus Kaltwasser
St. Ulrich
D-79283 Bollschweil

7 SCHEINLEBENDIG SCHEINTOT SCHEINHEILIG?

So viele leben
wie tot
und hoffen
nur scheintot zu sein,
scheinheilig wie sie sind.
Das Leben ist für viele Menschen
ein Selbstmord ohne leiblichen Tod.

Steckbrief für Scheinlebendige:

sie funktionieren am besten,
sie sind für alles brauchbar,
sie sehen alles ein, was alle einsehen,
sie nehmen alles hin, was alle hinnehmen,
sie glauben, was in den Zeitungen steht,
die täglichen Nachrichten sind ihre
tägliche Wirklichkeit.

Wir sind schon so gewöhnt an das Scheinleben, *gewöhnt an die Scheinnormalität unseres täglichen Wahnsinns, daß wir uns tatsächlich an alles zu gewöhnen scheinen. Und wir leben schon lange nicht mehr, wir überleben nur noch.*

Wir alle sind Überlebende. *Ich lebe in einer Welt der Überlebenden, und die Welt der Überlebenden ist eine Welt voller Hunger, voller Armut, voller Not, also eine Welt voller Schuld und voller Verdrängungen und voller Verleugnungen und voller Vergessen. Und ich, ein Überlebender, einer, der keinen Hunger hat, einer, der satt ist, ich bin mir meiner Schuld bewußt und weiß, daß es keine Rückkehr mehr gibt zu jenem alten, lebensvollen Vertrauen in die Zukunft der Welt und in den Zustand der Unschuld.*

Frieden in diese Welt kann nur der bringen, der den inneren Frieden kennt, *dessen Herz friedvoll ist und dessen Gedanken die Weisheit der Haßlosigkeit kennen. Ich kann nicht Frieden in die Welt bringen, ohne selbst Frieden zu werden.*

Haß und Lüge zerstören das Leben, *seine Lebendigkeit, sein Glück, seine Stärke, seinen Frieden. Nicht zu hassen, das heißt nicht, zu allen Ungerechtigkeiten ja und amen zu sagen. Wo immer, wann immer ich erlebe, daß die Menschenwürde verletzt wird oder die berechtigten Interessen von Menschen nicht beachtet werden, trete ich klar und entschieden, auch kämpferisch, für die Würde und für die berechtigten Interessen ein. Doch ich hasse nicht. Das ist der Unterschied. Der Mensch, der die Menschenwürde verletzt und berechtigte Interessen verweigert, bleibt trotzdem immer meine Schwester, immer mein Bruder. Unüberwindlich ist, wer zu kämpfen vermag, ohne zu hassen; verloren ist, wer nur hassen kann, ohne zu kämpfen.*

***Es gibt Grundbedürfnisse,** so das Bedürfnis nach körperlicher Nahrung, das Verlangen nach Sinn, das Verlangen nach Liebe, das Verlangen nach geistiger Nahrung. Und wenn diese Grundbedürfnisse nicht gestillt werden, ist alles andere nutzlos und vergeblich. Nutzlos das Geld, nutzlos der Erfolg, nutzlos das Leben, so nutzlos, daß es sich selber zerstört, werden diese Bedürfnisse nicht gestillt. Werden aber diese Bedürfnisse gestillt, dann vermag dieser Mensch alles, was auch immer er sich vornimmt. Denn er kann leicht auf vieles verzichten, was die Menschen besitzen müssen, die nicht geliebt werden, die keinen Sinn in ihrem Leben sehen, die Hunger haben, denen der Zugang zur geistigen Nahrung verwehrt worden ist.*

Die Heiligkeit, die Würde des menschlichen Lebens *– niemand darf über die Heiligkeit, über die Würde des menschlichen Lebens sprechen, ohne von den Bedingungen zu sprechen, diesen unwürdigen, unmenschlichen Bedingungen, unter denen so viele Menschen leben müssen, zu viele – und es werden immer mehr.*

Wer denn sonst?

WER, wenn nicht Du?
WANN, wenn nicht jetzt?
Wer denn sonst?
Wann denn sonst?

Unmenschlich ist, reich zu werden an der Armut anderer. *Unmenschlich ist, die Wahrheit zu wissen und zu lügen. Unmenschlich ist, regelmäßig zu beten und anders zu leben. Unmenschlich ist, zu einem Menschen zu sagen: „Ich liebe Dich" und nicht alle Menschen damit zu meinen. Unmenschlich ist dieser Egoismus zu zweien, zu dreien, in Familien, in Parteien, in Staaten. Menschlich ist, die Grenzen aufzuheben für die Liebe, für die Güte und endlich zu leben beginnen, was wir beten, was wir wissen, was wir einsehen.*

Es stimmt und es stimmt nicht

„Es stimmt und es stimmt nicht“, sagte er. „Es stimmt, Buddha lehrte, sich von der Welt zu lösen, nicht sie zu verändern. Er lehrte Gleichgültigkeit, Gelassenheit Welthaß und Weltliebe gegenüber. Wenn aber Menschen die Lehre Buddhas leben, dann haben sie nur eine einzige Möglichkeit, die Welt zu verändern, indem sie sich selbst verändern. Jeder Mensch, der als Buddhist lebt, also in heiterer Gelassenheit der Welt gegenüber, ist ein Revolutionär. Er wird niemanden töten, niemanden ausbeuten, niemanden mißhandeln, niemanden bestehlen, niemanden belügen. Er wird sich nicht hineinziehen lassen in ehrgeizige Pläne. Das sind die Menschen, die die Welt verändern. Und die Welt ist nicht mehr dieselbe, nicht mehr die Welt, die sie war, bevor Du Befreiung durch Einsicht empfangen durftest. Es stimmt, ein Buddhist lebt nicht, um die Welt zu verändern. Die Welt kann niemand verändern. Ein Buddhist lebt, um sich zu verändern und durch sich hindurch die Welt.“

(Aus dem Indischen Tagebuch ASCHE UND WIEDERGEBURT)

8 STECKBRIEF DEINES IDEAL ICHS

Wer Dir die Wahrheit Deines Lebens nimmt, nimmt Dir Dein Leben.

***Gäbe es einen Steckbrief des Ideal-Ichs** – was glaubst Du, wie es aussieht? Der größte Feind unseres Selbst ist das Ideal-Ich. Von ihm wird das Selbst am gefährlichsten bedroht, denn gegen das Ideal-Ich kann sich das Selbst am wenigsten schützen. Denn das Ideal-Ich spricht mit den vertrauten Stimmen von Mutter und Vater und Lehrern – und wer widerspräche schon gerne seiner Mutter, seinem Vater, seinen Lehrern?*

Tausche Einfamilienhaus gegen Lebenssinn aus. *Das Ideal-Ich tut so, so als könnten wir Menschen uns alles kaufen und ungestraft alles tun, was nicht bestraft wird, und als könnten wir uns sogar den Lebenssinn selbst geben, wobei sich das Ideal-Ich als Makler anbietet. „Leiste noch mehr, dann kannst Du Dir noch mehr leisten. Schließe noch drei Versicherungen ab, dann wirst Du Dich dreimal so versichert fühlen. Paß Dich noch mehr an, dann wird man weniger auf Dich aufpassen." So lockt und lügt das Ideal-Ich. In Wahrheit jedoch gibt es keinen Lebenssinn dort, wo die Grundbedürfnisse nach Liebe, nach Vertrauen und Geborgenheit nicht gestillt werden und wo die Selbstachtung fehlt. Dem Ideal-Ich wäre natürlich am liebsten, wenn das Selbst überhaupt fehlte.*

Die Gebote des Ideal-Ichs *sind Schnellersein, Reichersein, Bessersein. Das Ideal-Ich will immer besser sein als die anderen, mehr haben als die anderen. Für das Ideal-Ich ist der Mitmensch ein Gegner, ein Rivale, ein Hindernis auf dem Wege zum Erfolg.*

Die Forderungen des Ideal-Ichs *sind die größte Gefahr für die Selbstentwicklung. Das Ideal-Ich bemüht sich, ohne Rücksicht auf die Wünsche und Bedürfnisse des Selbst, beflissen und würdelos, alle Erwartungen und Forderungen anderer Menschen zu erfüllen, überzuerfüllen.*

Nichts ist gefährlicher für meine Selbstverwirklichung, *als wenn ich das falsche Bild meines Ideal-Ichs zu leben versuchte, dieses Bild, das andere Menschen mir von mir übermittelt haben. Ein Mensch, der das Bild von sich bekommen hat, stark und mutig und erfolgreich um jeden Preis zu sein, wie viele Gefühle der Angst und der Unsicherheit und der Sehnsucht muß er verleugnen, abstreiten, hassen.*

Jeder bekommt sein Ideal-Ich frei Haus geliefert. *Jeder bekommt sein Ideal-Ich, wie selbstverständlich, durch die Erziehung von der Gesellschaft geschenkt – so wie eine Maus Speck geschenkt bekommt, um in die Falle zu gehen. Und jeder verlernt durch seine Erziehung, wie selbstverständlich, sein Selbst, sich selbst, seine natürlichen Bedürfnisse und seine Lebensfreude.*

9 WISSEN IST MACHT: MACHT MACHT DUMM

Dieser jämmerliche Zustand der Welt, er ist ein Beweis für die falsche Anwendung richtigen Wissens wie für die richtige Anwendung falschen Wissens. Trotz allen Wissens bereiten wir mit großer Intelligenz den Untergang der Welt vor.

Ich weiß viel mehr und ich weiß viel weniger, *als ich weiß. Und ich sehe, daß die meisten Menschen viel mehr Dinge haben, als sie zum Leben brauchen. Und ich erlebe, wie sie in genau der gleichen Weise Wissen anhäufen, nicht um zu wissen für das Leben, sondern um Wissen zu haben, damit das Ideal-Ich sich mächtig und überlegen und reich vorkommen kann. Wissen läßt sich aber nicht anhäufen und auf eine Bank bringen, damit es Zins bringt. Wissen, das nicht gelebt wird, zerstört den, der weiß und so lebt, als wüßte er nicht, und so tut, als wüßte er nicht.*

WIR auch

Auch wir tun so oft nicht,
was wir wissen,
darum wissen wir so oft nicht,
was wir tun
sollen
wollen
müßten
könnten.

Wissen warum, wofür, für wen?

Alles Wissen, das vom Wissenden in den Dienst seines Ehrgeizes, seiner Eitelkeit, seiner Ruhmsucht, also seines Ideal-Ichs gestellt wird, dieses Wissen verliert seine magische Kraft und wendet sich gegen den, der sein Wissen mißbrauchen möchte. Immer wieder begegne ich Wissenschaftlern und Denkern, die den sozialen Ungerechtigkeiten und dem Wahnsinn des Wettrüstens letztgültige und höhere Ursachen andenken wollen. Doch ihr Bemühen führt zu nichts anderem als zur Entlarvung ihrer Verlogenheit. Denn es liegt im Wesen des Wissens, daß es Wissen für den Menschen sein möchte und sich nicht mißbrauchen läßt gegen die Würde des Menschen und des Lebens.

Nicht die Gefühle als Gefühle sind wichtig, *sondern ihre Wirkungen auf das Leben. Nicht die Gedanken als Gedanken sind wichtig, sondern ihre Wirkungen auf das Leben. Gedanken und Gefühle, die nicht in Dein Leben hineinwirken, sind wie künstliche Blumen. Und so wie die künstlichen Blumen verändern sie sich auch nicht.*

Alles lebenswichtige Wissen ist Erfahrung.
Und wo die Erfahrungen beschränkt werden oder bleiben, dort ist auch das Lebenswissen beschränkt. Und Erfahrungen lassen sich nicht übertragen. Wir können nur durch eigene Erfahrungen lernen. Und nach jeder Erfahrung fühlst Du etwas Neues, was Du sonst nicht gefühlt hast. Und ein Leben mit fremden Erfahrungen zu leben ist ebenso wenig möglich wie ein Leben außerhalb der eigenen Erfahrungen oder gegen sie zu leben.
Nehmen wir die Erfahrung: Hunger. Ein Mensch, der eine Woche nichts gegessen hat, weiß anders, was Hunger ist, als der Satte. Und frage ich mich selbst, wo ich gelernt habe, was Hunger ist, so denke ich an die Gefangenschaft. Und mir wird bewußt, daß ich ohne diese Zeit des Hungerns heute nicht wüßte, was Hunger ist, wie Hunger weh tun kann, wie Hunger den Menschen verändert.

Sie sprechen,
wovon sie nicht wissen.
Wovon sie wissen,
schweigen sie.

Wissen wirkt nur dann, wenn es gelebt wird.
Denn es sind ja nicht die Worte, die überzeugen, unser Unbewußtes fühlt, ob die Worte nur Worte sind oder Zeichen des Lebens. Und Wissen hilft nicht, wenn in diesem Wissen nicht Dein Leben lebt. Und genau das ist die Lehre vom lebendigen Wort. Und nur das lebendige Wort macht lebendig. Und nur das gelebte Wort zeigt Möglichkeiten des Lebens.

Jede Einsicht will gelebt werden. *Nichts ist leichter, als mit dem Verstand einzusehen, daß wir unsere Einsichten leben müssen. Und nichts ist schwerer, dies wirklich zu tun: diese Einsicht, daß Einsichten gelebt werden wollen, zu leben. Und jede Einsicht will gelebt werden. Denn jede Einsicht kommt zu ihrer Zeit, kommt dann, wenn wir die Fähigkeit hätten, sie zu leben. Einsichten zu früh gelebt, Einsichten zu spät gelebt, helfen wenig. Und es gibt Einsichten, die sich gegen uns wenden, weil sie sich überlebt haben.*

10 KLEINER ALS KLEIN GRÖSSER ALS GROSS

Was ist kleiner als klein?
Was ist größer als groß?
Das ist kleiner als klein,
das ist größer als groß,
was sich kleiner als klein
und größer als groß
vorstellen kann.
Also Du selbst bist
kleiner als klein,
größer als groß.
Allein Dein Selbst
ist beides
und beides zugleich,
ist kleiner als klein
UND
größer als groß.

Ich unterdrücke mich selbst, wenn ich meine Gefühle unterdrücke. *Ich verbiete mich selbst, wenn ich mir Gefühle verbiete. Es ist lebenswichtig, daß ich alle meine Gefühle zulasse, wirklich alle Gefühle, um den Wachstumsprozeß nicht zu stören, der ich bin. Und es ist ein großer Lebensirrtum, wenn ein Mensch glaubt, er könnte mit der Hälfte oder mit einem Viertel seiner Gefühle ein ganzer Mensch sein.*

Die Liebe läßt sich nur im ganzen leben *und nicht in kleinen Stückchen. Denn sie läßt sich auch nur im ganzen verwirklichen und nicht zur Hälfte oder zu einem Viertel.*

Jeder Mensch, ohne Ausnahme, ist voller Gegensätze, *Gegensätze, die ihn zu genau dem Menschen vereinigen, der er ist. Und wer seine Gegensätze verleugnet und sie nicht wahrhaben will, nicht als Wahrheit haben will, seine Gegensätze nicht in Wahrheit leben möchte, der stirbt in der Wüste der Einseitigkeit, der ewigen Helligkeit ohne Dunkel, des ewigen Dunkels ohne Helligkeit.*

Die notwendigen Widersprüche

Jede Ganzheit,
sie lebt und entsteht
aus ihren Gegensätzen.
Jede Ganzheit,
sie stirbt und vergeht
ohne ihre Gegensätze.
Nimm Deine Widersprüche an.
Sei widerspruchsvoll.
Denn jeder Mensch, jeder
ist eine Ganzheit,
ist ein ewiger Widerspruch.

Ich kann mich nur in meinen Gegensätzen erkennen, *so wie mein Verstand und meine Sinne nur in Gegensätzen erkennen können: dunkel durch hell, gut durch böse, klein durch groß, süß durch sauer. Ich bin mir bewußt, daß ich selbst voller Gegensätze und Widersprüche bin. Und nur so kann ich die Widersprüche im anderen Menschen erkennen und akzeptieren, ohne sie als Fehler bekämpfen zu müssen. Denn ein Mensch ohne Widersprüche wäre ein Widerspruch in sich, wäre wie ein viereckiges Dreieck.*

Widersprüche und Gegensätze stören nur so lange *und verbrauchen nur so lange Lebenskräfte, solange wir sie nicht annehmen können und wahrnehmen wollen. Und wer erkannt hat, daß er als Mensch ein Ganzes, voller Widersprüche und Gegensätze ist, lernt durch seine Gegensätze und Widersprüche seine Ganzheit befreiend erkennen.*

Gut und Böse kennt die Natur nicht. *Gut und Böse sind Menschenurteile, Menschenvorurteile, durch die Menschen die Natur, auch die Natur in sich selbst, vergewaltigen. Die Natur ist weder gut noch böse. Und wo sie tötet, mordet sie nicht. Wo immer ein Tier das andere tötet, tötet es, um zu leben. Und die Natur als Ganzes kann mit gut und böse nie begriffen werden.*

In der Natur bedeuten alle unsere Wertungen nichts. *In der Natur gibt es keine höheren und niederen Lebewesen, keine Schädlinge und keine Nützlinge. Hoch und nieder, besser und schlechter, das sind menschliche Wertungen, unnatürliche Wertungen. So ist ein Regenwurm in natürlicher Weise imstande, die Probleme seines Lebens so vollkommem zu lösen, wie das selten ein Mensch von sich und seinen Lebensproblemen behaupten konnte.*

***Was den sogenannten niederen Lebewesen selbstverständlich ist** in ihrer lebendigen Beziehung zum Leben und zur Welt, das kann unser Verstand mit all seiner Intelligenz schon lange nicht mehr gewährleisten. Denn wir haben diese natürliche, tiefe Beziehung zum Leben und zur Natur verloren. Die Expertenkommissionen zur Erhaltung der Umwelt und des Lebens werden immer größer und immer wortreicher, immer wissenschaftlicher und immer teurer und der Zustand der Welt und des Lebens immer gefährlicher und immer unerträglicher und immer hoffnungsloser.*

***Leben ist viel mehr** als seine vielen Formen, die es annimmt. Ob Baum oder Mensch oder Eintagsfliege, allem Lebendigen ist die gleiche Heiligkeit des Lebens gemeinsam. Allem Lebendigen wohnt die gleiche Lebenskraft inne. Jede Lebensform ist eine der vielen Erscheinungsformen ein und desselben Lebens.*

Wir können die Ordnung des Lebens nicht stören, *ohne sie zu zerstören. Wir können die Natur nicht zerstören, ohne uns selbst zu zerstören. Wir müssen den Wahn aufgeben, alles besser machen zu wollen als die Natur. Die zerstörte Welt zeigt uns, daß wir es nicht können.*

Innerhalb einer jeden Entwicklungsstufe des Lebens, *die in sich immer ein Ganzes ist und immer auch ein Wunder des ganzen Lebens, wollen alle Lebensprozesse dieses winzige oder riesige Leben schützen und stärken und vollenden.*

Laß alles auf seine eigene Art geschehen, *nicht auf Deine, wenn Du zum Verstehen durch das Geschehen gelangen willst. Wenn Du eine Katze eine Katze sein läßt, nur dann kannst Du viel über Katzen lernen. Nur wenn Du mich so annimmst, wie ich bin, kannst Du lernen, wie ich bin, und Dich selbst dabei kennenlernen. Nur wenn ich Dich so annehme, wie Du bist, kann ich lernen, wie Du bist, und mich selbst dabei kennenlernen.*

Hund ist Hund,
Katze ist Katze,
wo ist der Mensch,
der nichts als Mensch ist?

11 LIEBER ALLEIN ALLEIN ALS ZU ZWEIEN ALLEIN

Wen liebst Du noch weniger?

Wen liebst Du noch weniger als Dich?
Wen kennst Du noch weniger als Dich?
Wen behandelst Du noch schlechter als Dich?
Und wer kennt Dich besser als Dich?
Und wer braucht Deine Liebe mehr
und wer braucht Deine Geduld mehr,
mehr als Du?
Niemand.

Liebe ist ein Lebensgefühl, das uns frei macht, *frei vom Habenwollen, frei von Erwartungen. Liebe, die Freiheit verweigert, der sollst Du Dich verweigern. Liebe, die Dich einsperrt wie in ein Gefängnis, aus der sollst Du ausbrechen wie aus einem Gefängnis. Eine Liebe, die nicht frei macht, ist keine Liebe. Liebe ist das meist mißbrauchte Wort. Und eine Liebe ist nur so viel wert, soviel Freiheit sie schaffen kann. Doch immer wieder begegne ich Menschen, die mich daraufhin verwundert fragen: „Freiheit? Wie verträgt sich Liebe und Freiheit?" Und sie fragen so, als ob sie in Wirklichkeit fragen wollten: „Wie verträgt sich Wasser und Feuer?"*

Liebe verspricht nicht Freiheit, sie ist Freiheit. Und sie will keine Opfer. Weder sollst Du ihr Deine Freiheit opfern und schon gar nicht Dich selbst und zweimal nicht die geliebten Menschen. Liebe ist eine Pflanze, die nur in Freiheit wachsen und reifen kann.

Liebe machen?

Du kannst Liebe nicht machen,
Du kannst Lust nicht erleben,
Du kannst Liebe nicht erfahren,
ohne Liebe
zu werden.

Es ist mit den Menschen wie mit den Bäumen:
bei zu großer Nähe behindern sie gegenseitig ihr Wachstum und verkümmern an zu großer Nähe, die sie hindert, sich frei zu entfalten und sie selbst zu werden. Bäume, die zu eng stehen, nehmen sich gegenseitig ihren Lebensraum. Auch für Menschen, die sich nahestehen, ist der Raum wichtig, den sie sich geben können. Und gerade in engen Beziehungen hängt alles von dem Lebensraum ab, den Menschen bereit sind, sich gegenseitig zu lassen. Und es ist das uralte Problem von Nähe und Ferne, das in jeder Beziehung gelöst sein will. Und dazu gehört auch die Bereitschaft der Menschen, in engen Beziehungen sich gegenseitig Spielräume zu lassen, in denen neues Verhalten geprobt und gelernt werden kann, ohne Angst vor Bestrafung, ohne Angst vor Liebesverlust.

Um mich wahrzumachen, *muß ich mich zuerst selbst sehen können, ohne daß meine Wahrnehmung verzerrt und unwahr wird durch meine Erwartungen, durch meine Wünsche und Hoffnungen. In der gleichen Weise möchte ich andere Menschen wahrnehmen. In der gleichen Weise. Am schwersten fällt diese reine Wahrnehmung jenen Menschen gegenüber, die wir lieben. Denn bald, zu bald, und ohne daß wir es überhaupt merken, lieben wir im geliebten Menschen nicht ihn, sondern die Erfüllung unserer Wünsche, unserer Erwartungen, unserer Bedürfnisse. Und so tun wir gerade den geliebten Menschen das Schlimmste an, was ein Mensch einem Menschen antun kann: ihn als Mittel zu mißbrauchen für Zwecke. Und ein wesentlicher Teil der Liebe liegt darin, sich dessen bewußt zu werden und lieben zu lernen, frei von Zwecken und Erwartungen.*

Ich bin einem Menschen nicht wirklich begegnet, *ehe nicht Fragen wie diese entstehen und gewagt werden können: Wie erlebst Du mich? Wie erlebst Du Dich durch mich? Wie siehst Du mich? Wie fühlst Du mich? Weißt Du durch unsere Begegnung das Leben anders als vorher?*

Jeder Mensch, jeder, dem ich begegne, ist ein gewordenes, gewachsenes Ganzes. *Und wo immer ich Menschen begegne, versuche ich den Menschen als dieses Ganze zu erkennen und mir bewußt zu bleiben, daß er dieses Ganze geworden ist, geworden ist im Laufe von vielen Jahren, hin bis zum Augenblick unserer Begegnung. Das nicht nur zu erkennen, sondern anzuerkennen und zu achten ist lebenswichtig in jeder Beziehung, in jeder Beziehung.*

12 WIEDER GEBURTEN

Trau Dir nicht, wenn ...

Trau Dir nicht,
wer Du bist,
wenn Du immer weißt,
ganz genau,
was richtig ist
und was falsch,
was gut oder schlecht — dann
dann trau Dir nicht.

An dem Tage, an dem Du von allem Haß frei sein wirst*, an demselben Tage wirst Du zum ersten Mal erleben, wonach Du Dich immer sehntest. An diesem Tage wirst Du zum ersten Male glücklich SEIN, ohne Angst, ohne Unruhe.*

Es war immer das Unscheinbare, *Alltägliche, Gewohnte, aus dem mir das Unwahrscheinliche, das Besondere, das Außerordentliche wurde, sobald ich es länger als fünf Minuten in voller Achtsamkeit wahrnahm, wahr machte, so daß das Angeschaute sich in mir verlor und ich mich im Angeschauten. In solchen Augenblicken führen die Wege weit weit zurück, zurück über die eigene Geburt hinaus, zurück in andere Formen des Lebens. Ich betrachte die Blume nicht wie ein Botaniker, ich zähle nicht ihre Blütenblätter, kitzle nicht ihre Staubgefäße, ich nehme sie wahr, in voller Achtsamkeit. Und dabei ahne ich, daß ich irgendwann auch in diesen Formen des Lebens lebte.*

SELBSTerfahrung

Ich selbst mache immer wieder die Erfahrung mit mir und mit anderen, daß kein Mensch länger als fünf Minuten etwas bewußt und mit voller Achtsamkeit tun oder anschauen kann, ohne dabei von neuen, unvermuteten Gefühlen, Gedanken und Einsichten überrascht zu werden. Und das heißt, schöpferisch zu werden. Ob Du eine Blume, einen Menschen, eine Katze oder einen Baum anschaust, nach spätestens fünf Minuten verwandeln sie sich und sprechen zu Dir, mitten aus ihrem Wesen. UND nicht Du bist es, der diese Verwandlung bewirkt, nicht Du, das gesammelte Hinschauen und Anschauen ist es, das alles ins Wesentliche verwandelt.

Die Angst, was morgen sein wird, *was in einem Jahr sein wird, was dann oder dann oder dann sein wird. Nichts wird sein, alles ist hier, alles ist jetzt. Der letzte Grund der Angst ist, daß die meisten Menschen den Schwerpunkt ihres Lebens haben in dem, was nicht ist und nie sein wird. Zukunft. Sie betrügen sich, indem sie ein Leben planen, das nie so sein wird, wie sie es planen und versichern. Sie blicken angestrengt in die Zukunft und machen sich dadurch blind für die Gegenwart, für das, was ist, was unaufhörlich da ist.*

Die Befreiung liegt im Jetzt. Nicht im Jetzt als Sekunde, sondern im Jetzt als Zustand der vollen Wahrnehmung des Hier und Jetzt. In dieser vollen Wahrnehmung nehmen wir das Leben auf wie die Blume die Sonne, wie das Kind die Stimme der Mutter. In dieser vollen Wahrnehmung des Hier und Jetzt liegt die Befreiung von der Angst. Und nur das volle Dasein im Hier und Jetzt hebt die Angst auf.

Das Wesentliche der Zeit *ist nicht ihre gemessene Dauer, nicht ihre meßbare Kürze oder Länge, sondern die Begegnung mit Menschen, die Beziehung zu Menschen, das Sein in der Zeit mit Menschen, dank Menschen. Die Zeit, in der wir glücklich sind oder das Gefühl haben, sinnvoll zu leben, unterscheidet sich von allen anderen Zeiten.*

Das Jetzt ist unendlich mehr als die Gegenwart *und gegenwärtiger als die grammatikalische Zeitform der Sprache. Das Jetzt ist unendlich mehr als das sekundenschnelle Erleben der Zeit, mehr als ein Zeitpunkt, den wir Jetzt nennen. Denn die Zeit ist immer ein Ganzes und ist immer die Ewigkeit. Die Ewigkeit des Jetzt. In Deinem Hier und Jetzt sind alle Sekunden und Stunden und Monate und Jahre Deines Lebens versammelt.*

Wir haben darum die Ewigkeit der Zeit verloren, *weil wir die lebendige, vertrauensvolle Beziehung zum Leben verloren haben. Und unser Denken ist schon lange nicht mehr, im Sinne des Lebens, zukunftsorientiert, sondern untergangsorientiert. Zukunft heißt schon lange nicht mehr Geborgenheit, Vertrauen, Sinn. Zukunft ist schon lange nicht mehr der Ort der Lebensfreude. Zukunft ist schon lange nicht mehr das versprochene Paradies.*

Jeder Bewußtseinszustand bedeutet eine neue Welt. *Jeder neue Bewußtseinszustand bedeutet eine neue Sicht der alten, gewohnten Welt. Denn jeder neue Bewußtseinszustand stellt neue Sinnfragen und macht neue Sinnerkenntnisse zugänglich. Jeder neue Bewußtseinszustand ist eine Wiedergeburt. Und jeder Bewußtseinszustand sucht sich seine Lebensform: so wie ein Fluß sich sein Flußbett sucht, so wie ein Tier sich seinen Lebensraum sucht, genau so sucht sich jeder Bewußtseinszustand seine Lebensform, jeder neue Bewußtseinszustand seine neue Lebensform.*

Alles Leid, alles Unglück, alles Elend dieser Welt *kommt daher, daß Menschen verschiedener Bewußtseinsstufen sich gegenseitig als Missionare begegnen und jeder den anderen dadurch kränkt und beleidigt in seiner Würde, daß er ihn aufklären und befreien möchte, weil er seine Bewußtseinsstufe für alleinseligmachend hält. Und dabei hat jede Bewußtseinsstufe ihre Seligkeit, ihre Gewißheit, ihre Notwendigkeit. Menschen, die höhere Bewußtseinsstufen erreicht haben, sind leicht daran zu erkennen, daß sie den anderen so sein lassen, wie er ist, und ihn in seinem Anderssein zu verstehen suchen, voller Achtung und Liebe. Es ist ja gerade das Anderssein, das unsere Gefühle und Gedanken bewegt. Wenn wir alle gleich wären, mit gleichen Gedanken, gleichen Gefühlen, gleichen Gesichtern, gleichen Bedürfnissen, gleichen Überzeugungen, wie armselig wäre dann diese Welt, ohne Möglichkeiten, uns im Anderssein des Anderen zu begreifen, zu erfühlen, zu bedenken.*

Es gibt Lebensformen, die jede Bewußtseinsentwicklung hemmen, *ja, bekämpfen und verleugnen. Denn ein neuer Bewußtseinszustand stellt die alten Lebensformen in Frage und verändert sie, lange, lange ehe der Verstand, dieser Wächter der Gewohnheiten, es bemerkt. Und wenn er Alarm schlägt, ist es schon zu spät. Und ihm bleibt nichts übrig, als in den Dienst der neuen Bewußtseinsstufe zu treten.*

Ich bin mir bewußt, was sich ändert, sind nicht unsere Ansichten, ist nicht das Denken, ist nicht einmal die Erfahrung, was alles ändert, das ist die neue Bewußtseinsstufe. Sie ändert alles, auch das Denken, auch die Ansichten.

Viele Probleme und Spannungen sind nichts als die Folge eines zu engen Bewußtseins. *Viele meiner Spannungen und Probleme entstehen durch ein zu enges Bewußtsein. Und ich habe erfahren, wie ich mit zunehmender Entwicklung aus meinen Problemen herauswachse, so wie ein erwachsener Mensch aus den Problemen seiner Kindheit herauswächst. So sind die meisten Probleme in Wirklichkeit nicht durch mich oder durch andere gelöst worden, sondern ich bin ihnen davongewachsen, erkenne sie zwar noch und sage mir erstaunt: „Das also war es, was dir damals so zusetzte und was du heute in heiterer Gelassenheit betrachten kannst."*

***Ich bin mehr als mein Wissen, von mir,** denn unsere Seelen sind unsterblich und von verschiedenem Alter und verschiedenen Entwicklungsstufen. Denn immer wieder begegne ich Menschen, die mühsam lernen müssen, weil ihre Seelen jünger sind, unwissender, was andere Menschen, deren Seelen älter sind, wissender, schon bei ihrer Wiedergeburt wissen, schon vor ihrer Wiedergeburt. Und so gibt es Menschen, die bei ihrer Wiedergeburt dort beginnen, wo die anderen nach einem langen Leben noch nicht einmal ahnungsweise hingelangen. Und was wir Genie nennen und Begabung, sind nichts als Eigenschaften und der selbstverständliche Ausdruck der älteren Seelen, die mehr wissen, mehr erlebt und erfahren haben, in unzähligen Leben, als die jüngeren Seelen.*

Für die Geburt des Selbst sind viele Geburten notwendig. *Und es genügt nicht, um der zu werden, der Du bist, einmal leiblich geboren zu sein. Die leibliche Geburt ist nur eine von vielen Geburten. Jeder Mensch hat viele Wiedergeburten zu durchleben, in dieser Welt. In dieser Welt und nicht in einer jenseitigen, unbekannten. UND die letzte Wiedergeburt in dieser Welt, eben das ist die Wiedergeburt hin zu einer anderen jenseitigen Welt. In unserer Kultur nennen wir die letzte Wiedergeburt: Tod.*

Diesem Leben ist eine bestimmte Zeit gesetzt.
Und mich kümmert nicht die Zeit, der Zeitraum, der zwischen jetzt und der Stunde meines Todes liegt. Ich weiß nicht die Stunde meines Todes. Doch ich weiß meinen Tod, dem ich viel lebenstiefes Wissen und die Befreiung von vielem Unwesentlichen danke.

Das Sichtbare ist nicht alles. *Und es ist nur ein Teil, ein kleiner Teil, aus dem für uns Unsichtbaren. Und so sehen andere Lebewesen mehr als wir. Und unter dem Mikroskop oder mit dem Fernrohr oder in unseren Träumen sehen wir mehr als gewohnt. In der gleichen Weise wird dem Menschen von Bewußtseinsstufe zu Bewußtseinsstufe mehr und mehr vom Unsichtbaren sichtbar, vom Undenkbaren denkbar, vom Ungelebten lebbar.*

Je weiter ich von mir entfernt bin, *desto heftiger werde ich mich nach mir sehnen, desto quälender werde ich nach mir fragen. Und je näher ich mir komme, desto weniger wird mir daran liegen, nach mir zu fragen – nach dem Sinn des Lebens zu fragen. Wenn ich zu mir gekommen bin, dann hat alles Fragen und alles Suchen ein Ende.*

Nichts, was im Leben geschieht, ist für dieses Leben bedeutungslos. *Nichts, was in meinem Leben geschah, war bedeutungslos. Und nichts, was in meinem Leben geschehen wird, wird bedeutungslos sein. Und das Leben kennt keine Zufälle. Und der Entwicklungsprozeß öffnet sich den Ereignissen und Menschen, die für ihn wichtig sind. Immer wieder begegne ich Menschen, die klagen: „Ach, hätte ich den oder die nie kennengelernt... Könnte ich dies oder jenes vergessen... Was damals geschah, war reiner Zufall, unglücklicher Zufall." Aber sie können nicht vergessen, können nicht ungeschehen machen. Denn im Leben hat alles seine Bedeutung und geschieht im genau richtigen Augenblick, auch wenn wir das nicht wahrhaben wollen. Im Geschehen des Lebens geschieht, was geschehen muß. Auch wenn wir oft so tun, als wäre es nicht geschehen, leben müssen wir es, was geschehen ist.*

Diese ewig wechselnde, diese ewige, gleiche Schönheit dieser Welt, *sie ist immer da, immer, liegt immer offen da vor unseren Augen. Doch unsere Augen, sie sind blind geworden, blind für diese vor aller Augen offen daliegende Schönheit.*

Das sicherste Kennzeichen der Selbstentwicklung *ist die zunehmende Ablehnung allen Urteilens, allen Wertens. Wer sich selbst weiß, ist nicht mehr abhängig von den Urteilen anderer Menschen und auch nicht mehr bereit, über andere zu urteilen und andere Menschen unselbständig zu machen. Er steht fest in der Gewißheit seiner selbst, voller Geduld und Liebe mit sich selbst und anderen. Und weil er sich wohl fühlt mit sich selbst, fühlen sich Menschen, die ihm begegnen, auf eine seltsame Weise wohl mit ihm.*

Das Wesen der Freiheit *liegt darin, sich nicht an Unwesentliches zu binden oder sich von ihm binden zu lassen.*

ANHANG

Kurzbeschreibung der INTA-Meditation (IM)

Die INTA-Meditation ist eine Textmeditation von WERNER SPRENGER auf der Grundlage seines Werkes SCHLEICHWEGE ZUM ICH II. Die Textmeditation hat eine jahrtausendealte Tradition.

INTA: Sanskrit aus der Veda-Periode und heißt: zu Dir durch mich, zu mir durch Dich.

Die INTA-Meditation geschieht in vier Phasen:

1. die Phase des Sichöffnens, der inneren Stille und der Entspannung.

2. die Phase der ständigen Wiederholung der ausgewählten Meditation. Wiederholung — und kein Überdenken der Meditation, kein Behaltenwollen. Nichts als die Wiederholung. Diese fortwährende Wiederholung der Meditation genügt für die Wirkung der Meditation. Die Wiederholung ist eine vollständige Meditationsübung an sich.

3. die Phase der entspannten Wahrnehmung der Meditation. Die Augen sind geschlossen. Gefühle, Gedanken, Bilder und Wünsche treten ins Bewußtsein. Alles zulassen, ohne zu bewerten oder zu unterdrücken. Auf ganz natürliche Weise tritt einiges mehr, anderes weniger ins Bewußtsein.

4. die Phase des meditativen Sprechens. Zuerst mit geschlossenen, dann mit geöffneten Augen. Einzeln spricht der Meditierende leise, wie zu sich selbst, in der Gruppe so laut, daß ihn alle hören können.

Die Dauer der Meditation beträgt

für den alleine Meditierenden etwa 20 Minuten

in der Gruppe etwa 40 Minuten.

Doch das ist keine Vorschrift: jede Vorschrift bedeutet Zwang. Und das Wesen der Meditation ist Zwanglosigkeit, Freiheit, Selbst-Bestimmung. Jeder wird die für ihn beste Dauer herausfinden. (Ebenso die für ihn beste Körperhaltung und die besten Zeiten für die Meditation.)

Weitere Werke des Autors

Suchen Sie Magdalena?
(Im S. Fischer Verlag, Frankfurt)

Ordensunreife Gedanken
(Im Theiss-Verlag, Berlin)

Augen-Blicke
Stabile Träume und andere Wirklichkeiten
Glück aus Versehen? Unglück aus Verstehen?
Zu Oasen führen alle Wege durch die Wüste
Überprüfung eines Abschieds
Brauchen Hungernde denn Gedichte?
Eine Eiche in einen Blumentopf gepflanzt . . .
Anstiftung zum Glück
Daß das Glück ganz anders ist
Hauch das Thermometer an, wenn Du frierst
Liebst Du Dich?
Lösch die Feuertulpen
Leben wir noch?
Kommt ein Löwe geflogen
Das Höhlenbuch
Asche und Wiedergeburt
Mehr Glück als Verstand?
Wahrheiten über die Lüge

DIE AUSWAHLREIHE:
Alles ist JETZT ist alles
Damit das Glück Dir glückt
Ungelebtes Leben leben
Vergiß Dein nicht
Leben ohne Liebe?
Weil ich Dir begegnet bin
(Im Nie/nie/sagen-Verlag, Konstanz)

Seine **Hörspiele** wurden gesendet u. a. von der Deutschen Welle, dem Saarländischen Rundfunk und dem Bayerischen Rundfunk. Die Deutsche Akademie der Darstellenden Künste wählte zum HÖRSPIEL DES MONATS „Drei schwere Fälle von Nächstenliebe“.

Werner Sprenger

Kommt ein Löwe geflogen

Ein Lebensfest

ISBN 3-921778-80-8 144 Seiten

Ein Menschenleben ist keine Geschichte, die sich gut erzählen ließe. Ein Menschenleben ist überhaupt keine Geschichte. Und warum ist das Leben keine Geschichte, die man erzählen kann? Weil das Leben das radikale Gegenteil einer Geschichte ist.

Du kannst gegen eine Welt anleben, nicht aber gegen Dich selbst. Denn jeder Mensch ist einer ganz besonderen Vollkommenheit fähig, nämlich seiner Vollkommenheit. Und am ärmsten ist derjenige, den man sich selbst geraubt hat — der sich sein Selbst vielleicht sogar zerstört hat — so reich und erfolgreich er auch sonst sein mag, er ist am ärmsten.